KB212365

가사체 부모은중경과
한문 부모은중경 사경

무비스님 · 조현춘 공역

운주사

서문

'사람은 어떻게 살아야 하는가?'

이 질문은 인간이 그 역사를 시작하면서부터 품어온 인간존재에 대한 본질적인 문제입니다. 기계 문명의 발달로 물질을 누리는 삶은 눈부시게 풍요롭고 편리하게 되었으나 '사람은 어떻게 살아야 하는가?'라는 문제에서는 실로 그 의문이 적지 않습니다. 이것은 매우 어려운 문제지만 '가장 사람답게 사는 일'이라고 할 수 있을 것입니다. 그렇습니다. 사람인 이상 무엇보다도 중요하며 우선해야 할 일은 '가장 사람답게 사는 일'입니다.

어떻게 사는 것이 가장 사람답게 사는 일이겠습니까? 그 문제에 대한 올바른 길을 제시하기 위해서 그동안 수많은 현철들이 세상에 오시어 많은 가르침들을 남겨 놓았습니다. 불교에서는 사람이 사는 올바른 길을 위한 팔만 사천의 가르침을 제시하고 있습니다.

대심 조현춘 교수님께서 '금강경 원고'를 들고 소승을 처음 찾아 온 것도 벌써 20여년의 세월이 흘렀습니다. 처음에는 조금은 뜬금없다는 생각도 했습니다만, 교수님께서는 '인류 정신문화를 대표하는 경전들'을 현대어로 완벽하게 번역하기 위해 50년 세월을 꾸준히 노력해 오셨습니다. 교수님께서는 늘 '저는 화화회(화엄경과 화이트헤드 연구회) 학자들이 다 만들어 놓은 것을 스님께 가지고 왔을 뿐입니다'면서 모든 공덕을 화화회에 돌리셨습니다. 어떤 의미에서는 교수님의 말씀이 옳습니다. 아무리 능력 있고 아무리 노력한다 한들 개인이 이렇게 큰일을 할 수는 없습니다. 20년이 넘는 세월을 꾸준히 매주 모임을 갖는 학자님들의 모임은 전 세계에서도 유례를 찾아보기 힘들다고 합니다. 화화회의 학자님들에게 존경과 감사의 말씀을 드립니다.

교수님께서는 '행복하고 빛이 나고 향기 났던 사람들과 행복하고 빛이 나고 향기 나는 사람들은 거의 전부가 금강경을 독송했던 사람'이라면서 최근에는 '가사체 금강경 독송회'를 결성하였습니다. 이 모임을 통해 부처님의 진리, 즉 '사람답게 사는 방법'을 체화하여, 이생에서도 많은 행복을 누리시고, 내생에서는 극락왕생하시기를 축원 드립니다.

『가사체 불교경전과 한글세대 불교경전』을 중심으로 『가사체 금강경과 조계종 금강경』, 『The Diamond Sutra 가사체 금강경』을 출판하였습니다. 도반님들의 요청으로 『가사체 금강경과 한문 금강경 사경』을 시작으로 약사경 부모은중경 보현행원품 승만경 아미타경 관음경 반야심경 천수경 등의 사경집도 출판할 예정이라 하니 가히 기쁜 일입니다.

모쪼록 참 진리인 부처님 말씀을 지금의 우리말 우리글로 사경하고 독송하여, 그 인연공덕으로 삶의 의미를 깨닫고 행복하시기를 축원 드립니다.

불기 2565년(서기 2021년) 여천如天 무비無比 합장

가사체 부모은중경과
한문 부모은중경 사경

漢文 父母恩重經
한문 부모은중경

『불설대보부모은중경佛說大報父母恩重經』,『부모은중경』,『은중경』이라는 책 제목도 좋고 내용도 너무나 좋아서 지금의 우리말로 번역하여 도반님들에게 보시하고자 발원하였으나, 난관이 많았습니다.

첫째 난관은 어느 책을 저본으로 할 것인가를 결정하는 문제부터 난감했습니다. 우리나라에서는 주로 『불설대보부모은중경』이라 하였지만, 여러 이본이 존재합니다. 중국은 중국대로, 일본은 일본대로 여러 이본이 존재하는 것 같습니다. 우리나라는 참으로 자랑스러운 〈고려대장경〉을 가지고 있습니다. 경전을 출판할 때에는, 〈정확하기로 유명한 고려대장경〉을 활용하는 것이 옳다고 봅니다. 그러나 아쉽게도 고려대장경에는 부모은중경이 없습니다.

둘째 난관은 경전을 소장하고 있는 사찰들이 대중들이나 학자들에게 쉽게 내어놓지 않는다는 점입니다. 화성 용주사의 것이 가장 좋다는 소문을 듣고 용주사를 찾아가 어렵게 어렵게 박물관장을 만나고 주지스님을 만나서 너무나 쉽게 허락을 받았습니다. 그런데 문제는 그 다음에 발생하였습니다. 영인본을 한 권 보내주면서, 500권을 절에 보시한다는 조건을 달아서 보낸 것이었습니다. 이런 사실을 생각하면, 동국역경원에서 고려대장경 영인본을 공개해 준 것은 참으로 고맙습니다.

그리고 한문 불교경전 혹은 한문 부모은중경을 출판할 때에는 출처를 밝혀서 오자 탈자 투성이인 시중 유통본을 함부로 사용하지 않기를 축원드립니다. 화성 용주사본이 거의 완벽하다고 생각되어 그대로 사용합니다. 혹시 다른 본을 사용하거나, 여러 본을 비교대조하여 정본을 결정할 때에는 그 과정을 분명히 밝혀서 혼란이 없게 해 주시기를 축원드립니다. 법회인유분의 왕사성을 삭제하거나, 육근을 바로잡는 등 최소한의 교감은 하였습니다.

가사체 부모은중경

무비스님 · 조현춘 공역

지금의 우리말로 번역하면서 또 다른 난관을 만났습니다. 분을 나누거나 장을 나누거나 절을 나누는 것에 문제가 발생하였습니다. 일관된 방법도 없고, 논리적으로 맞지 않는 것이었습니다. 몇 년을 두고, 이리저리 궁리하다가 이제 겨우 분과 장과 절을 나름대로 나눌 수 있게 되었습니다.

일단 크게 법회가 열린 배경(법회인유분法會因由分), 정종분正宗分, 유통분流通分으로 나누었습니다.

법회가 열린 배경(법회인유분法會因由分)은 통서와 별서로 구분할 수 있습니다. 통서는 부처님의 육하원칙(육성취六成就)입니다. 그러나 법회가 열린 배경의 백미는 별서, 즉 부처님이 예를 갖춰 오체투지함입니다. 그래서 〈그림 1〉로 축약되어 있습니다.

정종분正宗分은 6장으로 구성되어 있습니다. 1장 잉태했을 때의 고통, 2장 낳아주고 길러주신 열 가지 은혜(그림 2·1~10), 3장 여러 가지 불효한 행동, 4장 은혜 갚는 길(그림 3), 5장 불효의 과보(그림 4), 6장 효도의 과보(그림 5)로 구성되어 있습니다.

유통분流通分에서는 부처님의 가르침을 지키기로 발원하고, 경의 이름이 나오며, 예를 갖춰 인사하고 떠나는 것으로 모든 경이 끝납니다.

우리말답게 번역하려고 노력하였습니다. 아무리 노력해도 완전한 번역은 불가능하겠지만, 그래도 노력은 하였습니다. 각 언어에는 그 언어의 특성이 있습니다. 여기서 자세히 나열하지는 못하지만, 산스끄리뜨어는 명사중심 수동형 언어이고, 영어는 대명사중심 조동사중심 언어이며, 우리말은 명사중심 동사중심 능동형 언어입니다. 또한 우리말에서는 부정문이 긍정문보다 앞에 있어야 합니다. 산스끄리뜨어나 영어나 한문에서는 긍정문이 부정문보다 앞에 있어야 합니다.

淨口業眞言
정구업진언

수리수리 마하수리 수수리 사바하(세번)

五方內外安慰諸神眞言
오방내외안위제신진언

나무 사만다 못다남

옴 도로도로 지미 사바하(세번)

開法藏眞言
개법장진언

無上甚深微妙法 百千萬劫難遭遇
무상심심미묘법 백천만겁난조우

我今聞見得受持 願解如來眞實義
아금문견득수지 원해여래진실의

옴 아라남 아라다(세번)

입으로 지은 업을 씻어내는 진언
깨끗이~ 깨끗하게 참으로~ 깨끗하게
완전히~ 깨끗하게 깨끗이~ 살렵니다.
수리수리 마하수리 수수리 사바하(세번)

부처님과 성중님을 모셔오는 진언
일체모든 부처님~ 일체모든 성중님~
이자리에 편안하게 임하시어 주옵소서.
나무 사만다 못다남
옴 도로도로 지미 사바하(세번)

경전 독송 전의 진언
높디높고 깊디깊은 부처님말씀
백천만겁 지나가도 듣기힘든데
제가지금 보고들어 지니었으니
부처님의 진실한뜻 이루렵니다.
옴 아라남 아라다(세번)

Ⅰ. 法會因由分
법 회 인 유 분

一. 通序: 六成就
일 통 서 육 성 취

如是我聞 一時 佛 在舍衛國祇樹給
여시아문 일시 불 재사위국기수급

孤獨園 與大比丘三萬八千人 菩薩
고독원 여대비구삼만팔천인 보살

摩訶薩衆 俱.
마하살중 구

二. 別序: 如來頂禮
이 별 서 여 래 정 례

①

爾時 世尊 將領大衆 往詣南行 見一
이시 세존 장령대중 왕예남행 견일

堆枯骨 爾時 如來 五體投地 禮拜枯
퇴고골 이시 여래 오체투지 예배고

骨.
골

Ⅰ. 법회가 열린 배경

1장 부처님의 육하원칙

부처님이 헤아릴수 없이많은 보살들과
삼만팔천 스님들과 어느날~ 사위국의
기원정사 계시면서 다음같이 하시는걸
제가직접 들었으며 제가직접 봤습니다.

2장 부처님이 예를 갖춰 오체투지함

①

부처님이 대중들과 남쪽으로 가시다가
한무더기 마른뼈를 보시고서 간절하게
예를갖춰 오체투지 절을하시 었습니다.

(그림 1 참고)

②

阿難大衆白佛言.
아 난 대 중 백 불 언

③

世尊 如來是三界大師 四生慈父 衆
세 존 여 래 시 삼 계 대 사 사 생 자 부 중

人歸敬 云何禮拜枯骨?
인 귀 경 운 하 예 배 고 골

④

佛告 阿難 汝雖是吾上足弟子 出家
불 고 아 난 여 수 시 오 상 족 제 자 출 가

深遠 知事未廣 此一堆枯骨 或是我
심 원 지 사 미 광 차 일 퇴 고 골 혹 시 아

前世翁祖 累世爺孃 吾今禮拜.
전 세 옹 조 누 세 야 양 오 금 예 배

⑤

佛告 阿難 汝將此一堆枯骨 分作二
불 고 아 난 여 장 차 일 퇴 고 골 분 작 이

②

부처님이 마른뼈에 절하시는 것을보고

아난다~ 존자님이 말씀드리 셨습니다.

③

거룩하신 부처님~ 거룩하신 부처님~

부처님은 삼계도사 사생자부 이시어서

사람들이 귀의하고 경배하는 것입니다.

그런분이 어찌하여 뼈에절을 하십니까?

④

아난다~ 존자님은 출가한지 오래되고

부처님의 가르침을 참으로잘 따릅니다.

그렇지만 아직까지 모르는일 많습니다.

이뼈들이 전생의~ 조상님들 뼈이거나

부모님의 뼈이기에 절을했던 것입니다.

⑤

아난다~ 존자님~ 여기있는 이뼈들을

分 若是 男子骨頭 白了又重 若是
분 약 시 남 자 골 두 백 료 우 중 약 시

女人骨頭 黑了又輕.
여 인 골 두 흑 료 우 경

⑥

阿難白佛言 世尊 男人在世 衫帶靴
아 난 백 불 언 세 존 남 인 재 세 삼 대 화

帽裝裹 卽知是男兒之身 女人在世
모 장 과 즉 지 시 남 아 지 신 여 인 재 세

濃塗赤硃臙脂 蘭麝裝裹 卽知是女
농 도 적 주 연 지 난 사 장 과 즉 지 시 여

流之身 如今死後 白骨一般 敎弟子
류 지 신 여 금 사 후 백 골 일 반 교 제 자

如何認得.
여 하 인 득

⑦

佛告 阿難 若是男人 在世之時 入於
불 고 아 난 약 시 남 인 재 세 지 시 입 어

伽藍 聽講誦經 禮拜三寶 念佛名字
가 람 청 강 송 경 예 배 삼 보 염 불 명 자

所以骨頭 白了又重.
소 이 골 두 백 료 우 중

남자뼈와 여자뼈로 나누어~ 보십시오.
남자뼈는 무게가~ 무거우며 색이희고
여자뼈는 무게가~ 가벼웁고 검습니다.

⑥

거룩하신 부처님~ 거룩하신 부처님~
살았을땐 남자옷과 남자신과 남자모자
입고신고 쓰게되면 남자라고 생각하고
연지곤지 곱게찍고 난향사향 치장하면
여자라고 생각하나 죽은뒤의 백골들은
남자뼈와 여자뼈가 같다생각 했습니다.
그런데~ 어떻게~ 남자뼈와 여자뼈가
달라지게 되었는지 가르쳐~ 주십시오.

⑦

아난다~ 존자님~ 아난다~ 존자님~
남자들은 절에가서 설법듣고 경전독송

女人在世 恣情婬欲 生男養女 一廻
여 인 재 세　자 정 음 욕　생 남 양 녀　일 회

生箇孩兒 流出 三斗三勝凝血 飮孃
생 개 해 아　유 출　삼 두 삼 승 응 혈　음 양

八斛四斗白乳 所以骨頭 黑了又輕.
팔 곡 사 두 백 유　소 이 골 두　흑 료 우 경

⑨

阿難聞語 痛割於心 垂淚悲泣 白佛
아 난 문 어　통 할 어 심　수 루 비 읍　백 불

言.
언

⑩

世尊 母恩德者 云何報答?
세 존　모 은 덕 자　운 하 보 답

⑪

佛告 阿難 汝今諦聽諦聽 吾今爲汝
불 고　아 난　여 금 제 청 제 청　오 금 위 여

分別解說
분 별 해 설

18

삼보님께 예배하고 염불도~ 하였기에
죽은후의 뼈가희고 무겁게된 것입니다.
⑧
여자들은 결혼하여 남편과의 사이에서
아들딸을 낳을때에 서말서되 피흘리고
키우면서 여덟섬~ 너말되는 젖먹이어
뼈가검고 무게까지 가볍게된 것입니다.
⑨
부처님의 말씀듣고 아난다~ 존자님이
피눈물을 흘리면서 말씀드리 셨습니다.
⑩
거룩하신 부처님~ 어머님의 은덕들에
보답하는 방법들을 말씀하여 주십시오.
⑪
아난다~ 존자님~ 존자님을 위하여서
자세하게 하나하나 말씀드리 겠습니다.

Ⅱ. 正宗分
정 종 분

一. 彌月劬勞
일 미월구로

①

阿孃懷子 十月之中 極是辛苦 阿孃
아 양 회 자 시 월 지 중 극 시 신 고 아 양

一箇月懷胎 恰如草頭上珠 保朝不
일 개 월 회 태 흡 여 초 두 상 주 보 조 불

保暮 早晨聚將來 午時消散去.
보 모 조 신 취 장 래 오 시 소 산 거

②

阿孃兩箇月懷胎 恰如撲落凝蘇.
아 양 양 개 월 회 태 흡 여 박 락 응 소

③

阿孃三箇月懷胎 恰如凝血.
아 양 삼 개 월 회 태 흡 여 응 혈

④

阿孃四箇月懷胎 稍作人形.
아 양 사 개 월 회 태 초 작 인 형

⑤

阿孃五箇月懷胎 在孃腹中 生五胞
아 양 오 개 월 회 태 재 양 복 중 생 오 포

何者名爲五胞 頭爲一胞 兩肘爲三
하 자 명 위 오 포 두 위 일 포 양 주 위 삼

Ⅱ. 정종분

1장 잉태했을 때의 고통

①
아이를~ 잉태하면 어머니는 열달동안
말로할수 없을만큼 많은고생 하십니다.
첫달태아 풀잎위의 이슬방을 같습니다.
새벽녘에 생기었다 낮동안에 흩어져서
저녁에는 없어지는 이슬방을 같습니다.
②
둘째달의 태아는~ 엉긴우유 같습니다.
③
셋째달의 태아는~ 엉긴피와 같습니다.
④
넷째달의 태아는~ 차츰모습 갖춥니다.
⑤
다섯째달 태아는~ 오포들이 생깁니다.

胞 兩膝爲五胞.
포 양 슬 위 오 포

⑥

阿孃六箇月懷胎 孩兒在孃腹中 六
아 양 육 개 월 회 태 해 아 재 양 복 중 육

精開 何者名爲六精 眼爲一精 耳爲
정 개 하 자 명 위 육 정 안 위 일 정 이 위

二精 鼻爲三精 舌是四精 身是五精
이 정 비 위 삼 정 설 시 사 정 신 시 오 정

意爲六精.
의 위 육 정

⑦

阿孃七箇月懷胎 孩兒在孃腹中 生
아 양 칠 개 월 회 태 해 아 재 양 복 중 생

三百六十骨節 八萬四千毛孔.
삼 백 육 십 골 절 팔 만 사 천 모 공

⑧

阿孃八箇月懷胎 生其意智 長其九竅.
아 양 팔 개 월 회 태 생 기 의 지 장 기 구 규

⑨

阿孃九箇月懷胎 孩兒在孃腹中 喫
아 양 구 개 월 회 태 해 아 재 양 복 중 끽

食 不湌桃梨 蒜菓 五穀飮味 阿孃生
식 불 손 도 리 산 과 오 곡 음 미 아 양 생

머리와~ 두팔과~ 두다리가 생깁니다.
⑥
여섯째달 태아는~ 여섯정기 생깁니다.
눈의정기 귀의정기 코의정기 혀의정기
몸의정기 뜻의정기 여섯정기 생깁니다.
⑦
일곱째달 태아는~ 삼백예순 뼈마디와
팔만사천 털구멍이 차례차례 생깁니다.
⑧
여덟째달 태아는~ 뜻과지혜 생겨나고
아홉개의 큰구멍이 하나하나 자랍니다.
⑨
아홉째달 태아는~ 무언가를 먹지마는
복숭아배 마늘오곡 음식등을 먹지않고
어머니의 생장아래 숙장위에 수미산~
업산혹은 혈산이라 하는산이 하나있고

臟向下 熟臟向上 有一座山 此山有
장 향하 숙 장 향상 유 일 좌 산 차 산 유

三般名字 一號須彌山 二號業山 三
삼 반 명 자 일 호 수 미 산 이 호 업 산 삼

號血山 此山 一度崩來 化爲一條凝
호 혈 산 차 산 일 도 붕 래 화 위 일 조 응

血 流入孩兒口中.
혈 유 입 해 아 구 중

⑩

阿孃十箇月懷胎 方乃降生 若是孝
아 양 십 개 월 회 태 방 내 강 생 약 시 효

順之男 擎拳合掌而生 不損阿孃. 若
순 지 남 경 권 합 장 이 생 불 손 아 양 약

是五逆之子 擘破阿孃胞胎 手攀阿
시 오 역 지 자 벽 파 아 양 포 태 수 반 아

孃心肝 脚踏阿孃胯骨 教孃如千刀
양 심 간 각 답 아 양 과 골 교 양 여 천 도

攪腹 恰似萬刃攢心.
교 복 흡 사 만 인 찬 심

⑪

如斯痛苦 生得此身 猶有十恩.
여 사 통 고 생 득 차 신 유 유 십 은

이산내려 갈때마다 양분담은 양수액이
태아의~ 입안으로 들어가는 것입니다.
⑩
열째달의 태아는~ 세상으로 나옵니다.
효성스레 순조롭게 태어나는 아이들은
두주먹을 합장하여 높이들고 태어나서
어머니의 몸상하게 하는일이 없습니다.
순조롭게 태어나지 아니하는 아이들은
두손으로 태를찢고 염통과간 움켜잡고
두발로는 어머니의 엉치뼈에 버티는듯
천개칼로 배휘젓고 일만개의 송곳으로
가슴을~ 쑤시는듯 고통주며 나옵니다.
⑪
이런고통 겪으면서 이몸을~ 낳는등~
어머니는 열가지큰 은혜베푸 셨습니다.

二. 十偈讚頌
이 십게찬송

第一 懷耽守護恩 頌曰
제일 회탐수호은 송왈

累劫因緣重
누 겁 인 연 중

今來託母胎
금 래 탁 모 태

月逾生五臟
월 유 생 오 장

七七六精開
칠 칠 육 정 개

體重如山岳
체 중 여 산 악

動止慪風災
동 지 겁 풍 재

羅衣都不掛
나 의 도 불 괘

裝鏡惹塵埃.
장 경 야 진 애

2장 낳아주고 길러주신 열가지은혜

①

잉태하여 품어주신 크나큰은혜

세세생생 인연들이 매우두터워
금생에서 어머니에 몸을의탁해
달이지나 오장들이 생기어나고
점차점차 육정들이 자라게됐네.

어머니몸 큰산처럼 무거워지고
잔바람도 겁을내며 조심을하고
비단옷은 장롱속에 잠자게하고
화장하는 거울에는 먼지끼었네.

(그림 2·1 참고)

第二 臨産受苦恩 頌曰
제 이 임 산 수 고 은 송 왈

懷經十個月
회 경 십 개 월

産難欲將臨
산 난 욕 장 림

朝朝如重病
조 조 여 중 병

日日似惛沉
일 일 사 혼 침

惶怖難成記
황 포 난 성 기

愁淚滿胸襟
수 루 만 흉 금

含悲告親族
함 비 고 친 족

惟懼死來侵.
유 구 사 래 침

②

낳으실때 수고하신 크나큰은혜

잉태하고 열달째가 가까워오면
해산하는 어려움이 닥치어오고
아침에는 중환자가 된것만같고
낮동안엔 정신조차 희미해졌네.

표현할수 없을만큼 두려움크고
가슴에는 근심걱정 가득하였고
지금바로 죽을것만 같다하시며
가족에게 무서움을 하소연했네.

(그림 2·2 참고)

第三 生子忘憂恩 頌曰
제 삼 생 자 망 우 은 송 왈

慈母生君日
자 모 생 군 일

五臟總開張
오 장 총 개 장

身心俱悶絶
신 심 구 민 절

流血似屠羊
유 혈 사 도 양

生已聞兒健
생 이 문 아 건

歡喜倍加常
환 희 배 가 상

喜定悲還至
희 정 비 환 지

痛苦徹心腸.
통 고 철 심 장

낳으시고 기뻐하신 크나큰은혜

아들딸을 낳으면서 어머니께선
오장들이 빠짐없이 모두열리어
몸과마음 까무라칠 지경이되고
한량없이 많은피도 흘리었다네.

낳은아기 튼튼하다 말을듣고서
기쁜마음 주체하지 못하였으며
염통찔러 뚫는듯한 모진아픔도
기쁜마음 억누르지 못하였다네.

(그림 2·3 참고)

第四 咽苦吐甘恩 頌曰
제 사 연 고 토 감 은 송 왈

父母恩深重
부 모 은 심 중

恩憐無失時
은 련 무 실 시

吐甘無所食
토 감 무 소 식

咽苦不嚬眉
연 고 불 빈 미

愛重情難忍
애 중 정 난 인

恩深復倍悲
은 심 부 배 비

但令孩子飽
단 령 해 자 포

慈母不辭飢.
자 모 불 사 기

④

좋은음식 먹여주신 크나큰은혜

아버지와 어머니의 은혜깊어서
한순간도 쉬지않고 보살피었고
아들딸은 좋은음식 먹이어주고
나쁜음식 먹게돼도 싫어안했네.

아들딸은 배부르게 먹이어주고
어머니는 배고픔을 참으시면서
애지중지 하는정이 흘러넘쳐서
보살피려 하는마음 뿐이었다네.

(그림 2·4 참고)

第五 回乾就濕恩 頌曰
제 오 회건취습은 송 왈

母自身俱濕
모 자 신 구 습

將兒以就乾
장 아 이 취 건

兩乳充飢渴
양 유 충 기 갈

羅袖掩風寒
나 수 엄 풍 한

恩憐恒廢寢
은 련 항 폐 침

寵弄盡能歡
총 롱 진 능 환

但令孩子穩
단 령 해 자 온

慈母不求安.
자 모 불 구 안

⑤

마른자리 뉘어주신 크나큰은혜

어머니는 진자리에 누우시면서
아들딸은 마른자리 누이어주고
젖먹이어 갈증주림 풀어주었고
옷입히어 추운바람 막아주었네.

어머니는 불편함을 감수하면서
아들딸을 평온하게 하기위하여
잠안자며 자비로이 보살펴주고
자식재롱 한량없이 기뻐하였네.

(그림 2·5 참고)

第六 乳哺養育恩 頌曰
제 육 유 포 양 육 은 송 왈

慈母象於地
자 모 상 어 지

嚴父配於天
엄 부 배 어 천

覆載恩將等
복 재 은 장 등

父孃意亦然
부 양 의 역 연

不憎無眼目
부 증 무 안 목

不嫌手足攣
불 혐 수 족 련

誕腹親生子
탄 복 친 생 자

終日惜兼憐.
종 일 석 겸 련

⑥

품에안고 길러주신 크나큰은혜

아버지의 높은은혜 하늘과같고
어머니의 넓은은혜 땅과같아서
하늘높이 땅의넓이 한량없듯이
두분은혜 크디크고 한량없어라.

배를앓아 친히낳은 자식이어서
눈이없어 못보아도 미워안하고
손과발이 불구라도 싫어안하며
종일토록 정성다해 보살피셨네.

(그림 2·6 참고)

第七 洗濯不淨恩 頌曰
제 칠 세 탁 부 정 은 송 왈

憶昔美容質
억 석 미 용 질

姿媚甚豊濃
자 미 심 풍 농

眉分翠柳色
미 분 취 류 색

兩臉奪蓮紅
양 검 탈 연 홍

恩深摧玉貌
은 심 최 옥 모

洗濯損盤龍
세 탁 손 반 룡

只爲憐男女
지 위 련 남 녀

慈母改顔容.
자 모 개 안 용

⑦

깨끗하게 씻어주신 크나큰은혜

젊었을땐 어머니도 아름다웠네
그린듯이 매력있고 예쁘셨으며
두눈썹은 푸른버들 빛을띄우고
양쪽뺨은 붉은연꽃 무색했었네.

깊은은혜 베푸느라 용모상하고
아들딸을 보살피다 몸이상하고
씻어주다 거울조차 잊어버리고
얼굴에는 주름살이 늘어갔었네.

(그림 2·7 참고)

第八 遠行憶念恩 頌曰
제 팔 원 행 억 념 은 송 왈

死別誠難忘
사 별 성 난 망

生離實亦傷
생 리 실 역 상

子出關山外
자 출 관 산 외

母意在他鄉
모 의 재 타 향

日夜心相逐
일 야 심 상 축

流淚數千行
유 루 수 천 항

如猿泣愛子
여 원 읍 애 자

憶念斷肝腸.
억 념 단 간 장

먼길떠난 자식걱정 크나큰은혜

죽어이별 하는것도 애달프지만
살아이별 하는것도 슬픈일이며
아들딸이 집을떠나 타향에가면
어머니의 마음역시 따라간다네.

밤낮으로 자식따라 마음이가고
흘러내린 눈물줄기 수천리되며
원숭이가 새끼땜에 울부짖듯이
자식생각 애간장이 다끊어졌네.

(그림 2·8 참고)

第九 爲造惡業恩 頌曰
제구 위조악업은 송왈

父母江山重
부 모 강 산 중

恩深報實難
은 심 보 실 난

子苦願代受
자 고 원 대 수

兒勞母不安
아 로 모 불 안

聞道遠行去
문 도 원 행 거

行遊夜臥寒
행 유 야 와 한

男女暫辛苦
남 녀 잠 신 고

長使母心酸.
장 사 모 심 산

42

⑨

자식고통 대신받은 크나큰은혜

자식들의 괴로움을 못견뎌하며
그고통을 대신받길 발원하시는
산과같이 높디높고 강같이깊은
두분은혜 하도커서 갚을길없네.

아들딸이 길떠난단 말만들어도
밤에춥게 자지않나 걱정하시고
아들딸이 겪게되는 잠깐고통도
어머님은 오랫동안 아파하시네.

(그림 2·9 참고)

第十 究竟憐愍恩 頌曰
제십 구경연민은 송왈

父母恩深重
부모은심중

恩憐無歇時
은련무헐시

起坐心相逐
기좌심상축

遠近意常隨
원근의상수

母年一百歲
모년일백세

常憂八十兒
상우팔십아

欲知恩愛斷
욕지은애단

命盡始分離.
명진시분리

가이없이 아껴주신 크나큰은혜

부모님의 보살핌은 깊고깊어서
잠시라도 끊어지지 아니하시고
서있거나 앉았거나 걱정하시고
가까이나 멀리서나 생각하시네.

어머님의 춘추백세 되었다해도
여든살의 자식걱정 계속하시고
목숨다해 저세상에 가기전에는
잠시라도 끊어지지 아니한다네.

(그림 2·10 참고)

三. 指數諸愆
삼 　 지 수 제 건

①

佛告 　 阿難 　 我觀衆生 　 雖紹人品 　 心行
불 고 　 아 난 　 아 관 중 생 　 수 소 인 품 　 심 행

愚蒙 　 不思爺娘 　 有大恩德 　 不生恭敬
우 몽 　 불 사 야 랑 　 유 대 은 덕 　 불 생 공 경

棄恩背恩 　 無有仁慈 　 不孝不義.
기 은 배 은 　 무 유 인 자 　 불 효 불 의

②

阿娘懷子 　 十月之中 　 起坐不安 　 如擎
아 랑 회 자 　 시 월 지 중 　 기 좌 불 안 　 여 경

重擔 　 飮食不下 　 如長病人 　 月滿生時
중 담 　 음 식 불 하 　 여 장 병 인 　 월 만 생 시

受諸苦痛 　 湏臾好惡 　 恐爲無常 　 如殺
수 제 고 통 　 수 유 호 오 　 공 위 무 상 　 여 살

猪羊 　 血流遍地.
저 양 　 혈 류 편 지

3장 여러 가지 불효한 행동

①

아난다~ 존자님~ 아난다~ 존자님~
사람몸을 받았으나 마음행동 어리석어
부모님의 큰은혜를 생각하지 아니하고
부모님을 공경않고 큰은혜를 저버리고
사람다운 마음이나 사랑하는 마음없이
불손하고 불효하는 사람들도 봤습니다.

②

아들딸을 뱃속에~ 품고있는 열달동안
어머니는 무거운짐 지고있는 것과같이
앉았거나 서있거나 불편하시 었습니다.
오랫동안 병석에서 앓고있는 환자처럼
음식들이 목구멍에 아니넘어 갔습니다.

③

受如是苦 生得此身 咽苦吐甘 抱持
수 여 시 고　생 득 차 신　연 고 토 감　포 지

養育 洗濯不淨 不憚劬勞 忍熱忍寒
양 육　세 탁 부 정　불 탄 구 로　인 열 인 한

不思辛苦 乾處兒臥 濕處母眠.
불 사 신 고　건 처 아 와　습 처 모 면

④

三年之中 飮母白血 嬰孩童子 乃至
삼 년 지 중　음 모 백 혈　영 해 동 자　내 지

盛年 獎敎禮義 婚嫁官學 備求資業.
성 년　장 교 예 의　혼 가 관 학　비 구 자 업

아들딸을 낳을때엔 많은피를 흘리시고
죽음공포 느끼시는 고생까지 했습니다.
③
이런고통 겪으면서 아들딸을 낳은후도
좋은음식 있으면~ 아이에게 먹이시고
나쁜음식 싫다않고 잡수시~ 었습니다.
안아주고 씻어주며 힘안들어 하시었고
더위추위 고생으로 생각하지 않았으며
마른자리 기쁜마음 아이들을 누이었고
젖은자리 싫다않고 어머니가 잤습니다.
④
삼년이나 젖을먹여 보살피어 주시었고
애기에서 어린이로 어른으로 자랄동안
예의결혼 공부직장 도와주시 었습니다.

⑤

攜荷艱辛 勤苦之終 不言恩絶 男女
휴 하 간 신　근 고 지 종　불 언 은 절　남 녀

有病 父母病生 子若病愈 慈母方差
유 병　부 모 병 생　자 약 병 유　자 모 방 차

如斯養育 願早成人.
여 사 양 육　원 조 성 인

⑥

及其長成 反爲不孝 尊親共語 應對
급 기 장 성　반 위 불 효　존 친 공 어　응 대

懊怏 拗眼戾睛 欺凌伯叔 打罵兄弟
앙 강　요 안 려 정　기 릉 백 숙　타 매 형 제

毀辱親情.
훼 욕 친 정

⑦

無有禮義 不遵師範 父母教令 元不
무 유 예 의　부 준 사 범　부 모 교 령　원 불

依從 兄弟共言 故相拗戾 出入往來
의 종　형 제 공 언　고 상 요 려　출 입 왕 래

不啓尊人 言行高踈.
불 계 존 인　언 행 고 소

⑤
이것으로 모든일이 끝나는것 아닙니다.
아들딸이 병이들면 부모님도 병이들고,
아들딸이 병나아야 부모님도 낫습니다.
부모님은 아들딸이 잘크기만 바랍니다.

⑥
이리자란 자식중엔 효도하지 아니하고
부모에게 불만픔고 대어들며 눈흘기며
불효하는 사람들도 여러사람 봤습니다.
삼촌들을 무시하고 형제들과 싸움하며
친척에게 욕을하는 사람까지 봤습니다.

⑦
예의범절 안갖추고 스승모범 안따르고
부모분부 순종않고 형제들을 꺾습니다.
드나들며 어른들께 인사하지 아니하고

⑧

擅意爲事　父母訓罰　伯叔語非　童幼
천 의 위 사　부 모 훈 벌　백 숙 어 비　동 유

憐愍　尊人遮護.
연 민　존 인 차 호

⑨

漸漸長成　狠戾不調　不伏虧違　反生
점 점 장 성　한 려 부 조　불 복 휴 위　반 생

嗔恨.
진 한

⑩

棄諸親友　朋附惡人　習已性成　遂爲
기 제 친 우　붕 부 악 인　습 이 성 성　수 위

狂計　被人誘引　逃竄他鄉　違背爺孃.
광 계　피 인 유 인　도 찬 타 향　위 배 야 양

⑪

離家別貫　或因經紀　或爲征行.
이 가 별 관　혹 인 경 기　혹 위 정 행

거만하게 말을하는 경우까지 있습니다.
⑧
아이들이 행동들을 제멋대로 하게되면
부모삼촌 훈계야단 해야하는 것입니다.
귀엽다고 감싸기만 하려하면 안됩니다.
⑨
감싸기만 한아이는 마음이~ 비뜰어져
잘못해도 자기잘못 인정하려 아니하고
오히려~ 화를내는 경우까지 있습니다.
⑩
좋은사람 멀리하고 나쁜사람 가까이해
습관되고 성품되어 나쁜일을 도모하고
나쁜사람 꾐에빠져 부모님을 버려두고
타향으로 도망가는 경우까지 있습니다.
⑪
고향떠나 행상하고 전쟁터에 나갑니다.

⑫
荏苒因循 便爲婚娶 由斯留礙 久不
임 염 인 순　변 위 혼 취　유 사 류 애　구 불

還家.
환 가

⑬
或在他鄉 不能謹慎 被人謀點 橫事
혹 재 타 향　불 능 근 신　피 인 모 점　횡 사

鉤牽 枉被刑責 牢獄枷鎖.
구 견　왕 피 형 책　뇌 옥 가 쇄

⑭
或遭病患 厄難縈纏 困苦飢羸 無人
혹 조 병 환　액 난 영 전　곤 고 기 리　무 인

看侍 被他嫌賤 委棄街衢 因此命終
간 시　피 타 혐 천　위 기 가 구　인 차 명 종

無人救療 膨脹爛壞 日曝風吹 白骨
무 인 구 료　팽 창 난 괴　일 폭 풍 취　백 골

飄零.
표 령

⑫
세월지나 결혼하면 생활에~ 얽매이어
고향에도 아니오는 경우까지 있습니다.
⑬
고향떠나 타향에서 근신하지 아니하다
모함으로 체포되어 감옥에서 형벌받고
목칼쓰고 족쇄차는 경우까지 있습니다.
⑭
머나먼~ 타향에서 병이들고 액난얽혀
힘이들고 괴롭고~ 굶주리고 야위어도
보살피어 주는사람 없는경우 있습니다.
천대속에 거리에서 목숨까지 잃게돼도
구해주는 사람조차 없는경우 있습니다.
타향에서 죽은후에 퉁퉁부어 썩어지고
마르고~ 풍화되어 백골로~ 뒹굽니다.

寄他鄉土 便與親族 歡會長乖.
기 타 향 토 변 여 친 족 환 회 장 괴

父母心隨 永懷憂念 或因啼血 眼闇
부 모 심 수 영 회 우 념 혹 인 제 혈 안 암

目盲 或爲悲哀 氣咽成病 或緣憶子
목 맹 혹 위 비 애 기 열 성 병 혹 연 억 자

衰變死亡 作鬼抱魂 不曾割捨
쇠 변 사 망 작 귀 포 혼 부 증 할 사

或復聞子 不崇孝義 朋逐異端 無賴
혹 부 문 자 불 숭 효 의 붕 축 이 단 무 뢰

麤頑 好習無益 鬪打竊盜 觸犯鄉閭
추 완 호 습 무 익 투 타 절 도 촉 범 향 려

飲酒樗蒲 奸非過失 帶累兄弟 惱亂
음 주 저 포 간 비 과 실 대 루 형 제 뇌 란

爺孃.
야 양

⑮
타향땅에 버려져도 소식조차 못전하며
가족들을 만나는건 생각조차 못합니다.

⑯
부모님은 자식걱정 계속계속 하시면서
피눈물로 눈이멀고 슬픔으로 병을얻고
죽은후도 애착을~ 끊어내지 못하여서
한을품고 원귀되는 경우까지 있습니다.

그런데도 자식들은 효도하지 아니하고
자식도리 안지키며 악인들과 어울리어
미련하고 못된짓과 쓸데없는 짓을하며
싸움질과 도둑질로 온마을을 휘저으며
음주도박 간음등의 몹쓸짓을 저질러서
부모님과 형제들께 많은누를 끼칩니다.

⑰

晨去暮還 尊親憂念.
신 거 모 환　존 친 우 념

⑱

不知父母 動止寒溫 晦朔朝晡 永乖
부 지 부 모　동 지 한 온　회 삭 조 포　영 괴

扶侍.
부 시

⑲

父母年邁 形貌衰羸 羞恥見人 嗔呵
부 모 년 매　형 모 쇠 리　수 치 견 인　진 가

欺抑.
기 억

⑳

或復父孤母寡 獨守空堂 猶若客人
혹 부 부 고 모 과　독 수 공 당　유 약 객 인

寄住他舍 床席塵土 拂拭無時.
기 주 타 사　상 석 진 토　불 식 무 시

⑰

아들딸이 아침나가 저녁에~ 돌아와도
부모님은 근심걱정 끊어지지 않습니다.

⑱

부모님이 출타를~ 하였는지 않았는지
추운지~ 더운지~ 아침저녁 초하루나
보름날에 인사조차 않는사람 있습니다.

⑲

부모님이 나이들어 쇠약하게 되어지면
부끄러워 하거나~ 성내고~ 소리치며
부모님을 구박하는 경우까지 있습니다.

⑳

홀아비나 홀어미인 부모홀로 계시어도
남일처럼 침대의자 흙먼지를 닦지않고
털어내지 아니하는 경우까지 있습니다.

㉑

參問起居 從斯斷絶 寒溫飢渴 曾不
참 문 기 거　종 사 단 절　한 온 기 갈　증 불

聞知 晝夜恒常 自嗟自歎.
문 지　주 야 항 상　자 차 자 탄

㉒

應賫饌物 供養尊親 每詐羞慚 異人
응 재 찬 물　공 양 존 친　매 사 수 참　이 인

怪笑 或持時食 供給妻兒 醜拙疲勞
괴 소　혹 지 시 식　공 급 처 아　추 졸 피 로

無避羞恥.
무 피 수 치

㉓

妻妾約束 每事依從 尊者嗔喝 全無
처 첩 약 속　매 사 의 종　존 자 진 갈　전 무

畏懼.
외 구

㉔

或復是女 通配他人 未嫁之時 咸皆
혹 부 시 녀　통 배 타 인　미 가 지 시　함 개

孝順 婚嫁已託 不孝遂增.
효 순　혼 가 이 흘　불 효 수 증

㉑
부모님이 밤낮으로 한숨짓고 한탄해도
추운지~ 더운지~ 배고픈지 목마른지
문안인사 안드리는 경우까지 있습니다.
㉒
계절따라 특별한~ 음식들이 들어오면
부모님께 먼저공양 해야하는 것입니다.
처자식만 주는일이 추잡하고 졸렬한데
남들에겐 거짓으로 부끄러운 척하면서
그런행동 계속하는 경우까지 있습니다.
㉓
아내말은 무엇이든 모두들어 주면서도
부모님의 꾸지람은 두려워~ 않습니다.
㉔
결혼하기 전에는~ 매우효성 스럽다가
결혼후엔 불효하는 딸들도~ 있습니다.

㉕

父母微嗔 卽生怨恨 夫婿打罵 忍受
부 모 미 진 즉 생 원 한 부 서 타 매 인 수

甘心 異姓他宗 情深眷重 自家骨肉
감 심 이 성 타 종 정 심 권 중 자 가 골 육

却已爲疎.
각 이 위 소

㉖

或隨夫婿 外郡他鄕 離別爺孃 無心
혹 수 부 서 외 군 타 향 이 별 야 양 무 심

戀慕 斷絶消息 音信不通.
연 모 단 절 소 식 음 신 불 통

㉗

令使爺孃 懸腸掛肚 常已倒懸 每思
영 사 야 양 현 장 괘 두 상 이 도 현 매 사

見面 如渴思漿 無有休息 父母恩德
견 면 여 갈 사 장 무 유 휴 식 부 모 은 덕

無量無邊 不孝之愆 卒陳難報.
무 량 무 변 불 효 지 건 졸 진 난 보

㉕

남편이~ 때리거나 욕하는건 참으면서
부모님의 노여움은 원망하고 한탄하며
친척아닌 사람과는 정다웁게 지내면서
혈육들은 멀리하는 사람들도 있습니다.

㉖

남편을~ 따라서~ 타향으로 가게되어
부모님과 이별해도 보고싶어 아니하고
소식마저 끊어버린 사람들도 있습니다.

㉗

부모님은 오장육부 거꾸로~ 매달린듯
목이마른 사람들이 물찾듯이 절박하게
자식들을 간절하게 보고싶어 하십니다.
높디높고 깊디깊은 부모님의 큰은덕은
헤아릴수 없이많고 한량없이 많고많아

㉘

爾時 大衆 聞佛所說 父母恩德 擧身
이 시 대 중 문 불 소 설 부 모 은 덕 거 신

投地 渾推自撲 身毛孔中 悉皆流血
투 지 혼 퇴 자 박 신 모 공 중 실 개 유 혈

悶絶辟地 良久乃蘇 高聲唱言.
민 절 벽 지 양 구 내 소 고 성 창 언

㉙

苦哉 苦哉 痛哉 痛哉 我等今者 深
고 재 고 재 통 재 통 재 아 등 금 자 심

是罪人 從來未覺 冥若夜遊.
시 죄 인 종 래 미 각 명 약 야 유

㉚

今悟知非 心膽俱碎.
금 오 지 비 심 담 구 쇄

불효죄는 말로표현 할수없이 많습니다.

㉘

부모은덕 대하여서 부처님의 설법듣고

사람들이 온몸의~ 털구멍에 피나도록

힘을다해 절하다가 땅에쓰러 졌습니다.

정신들자 큰소리로 말씀올리 셨습니다.

㉙

거룩하신 부처님~ 마음이~ 아픕니다.

지금까지 저희들은 깨닫지~ 못하여서

캄캄한~ 밤길을~ 걸었던것 같습니다.

저희들이 죄를많이 지었다는 사실을~

지금에야 깊이깊이 알수있게 됐습니다.

㉚

저희들이 저질렀던 잘못들을 알게되니

참으로~ 가슴이~ 찢어질듯 아픕니다.

惟願 世尊 哀愍救拔 云何報得 父母
유원 세존 애민구발 운하보득 부모

深恩?
심 은

四. 啓發懺修
사　계발참수

①

爾時 如來 卽以八種 深重梵音 告諸
이시 여래 즉이팔종 심중범음 고제

大衆 汝等當知 吾今爲汝 分別解說.
대중 여등당지 오금위여 분별해설

假使有人 左肩擔父 右肩擔母 研皮
가사유인 좌견담부 우견담모 연피

至骨 骨穿至髓 遶須彌山 經百千匝
지골 골천지수 요수미산 경백천잡

猶不能報 父母深恩.
유불능보 부모심은

㉛

거룩하신 부처님~ 거룩하신 부처님~
불쌍히~ 여기시어 구하여~ 주십시오.
어찌해야 깊은은혜 갚을수가 있습니까?

4장 은혜 갚는 길

①

부처님이 여덟가지 참으로~ 거룩한~
가르침을 대중에게 설해주시 었습니다.
알아야할 몇가지를 말씀드리 겠습니다.
아버지와 어머니를 양어깨에 모시고서
살이닳아 뼈나오고 골수까지 나오도록
수미산을 백번천번 돌고돌고 또돌아도
부모님의 은혜는다 갚을수가 없습니다.

(그림 3 참고)

假使有人　飢遭饉劫　爲於爺孃　盡其
가 사 유 인　기 조 근 겁　위 어 야 양　진 기

己身　臠割碎壞　猶如微塵　經百千劫
기 신　연 할 쇄 괴　유 여 미 진　경 백 천 겁

猶不能報　父母深恩.
유 불 능 보　부 모 심 은

假使有人　手執利刀　爲於爺孃　剜其
가 사 유 인　수 집 이 도　위 어 야 양　완 기

眼睛　獻於如來　經百千劫　猶不能報
안 정　헌 어 여 래　경 백 천 겁　유 불 능 보

父母深恩.
부 모 심 은

假使有人　爲於爺孃　亦以利刀　割其
가 사 유 인　위 어 야 양　역 이 이 도　할 기

心肝　血流遍地　不辭痛苦　經百千劫
심 간　혈 류 편 지　불 사 통 고　경 백 천 겁

猶不能報　父母深恩.
유 불 능 보　부 모 심 은

假使有人　爲於爺孃　百千刀輪　於自
가 사 유 인　위 어 야 양　백 천 도 륜　어 자

身中　左右出入　經百千劫　猶不能報
신 중　좌 우 출 입　경 백 천 겁　유 불 능 보

②

계속되는 흉년에~ 백겁천겁 동안계속
몸이가루 되도록~ 부모님을 봉양해도
부모님의 은혜는다 갚을수가 없습니다.

③

부모님을 위하여서 백겁천겁 동안계속
칼로눈을 도려내어 부처님께 바치어도
부모님의 은혜는다 갚을수가 없습니다.

④

부모님을 위하여서 백겁천겁 동안계속
염통과간 도려내어 피를쏟는 고생해도
부모님의 은혜는다 갚을수가 없습니다.

⑤

부모님을 위하여서 백겁천겁 동안계속
백천칼로 좌우에서 찔러빙빙 돌리어도
부모님의 은혜는다 갚을수가 없습니다.

父母深恩.
부 모 심 은

⑥

假使有人　爲於爺孃　體掛身燈　供養
가 사 유 인　위 어 야 양　체 괘 신 등　공 양

如來　經百千劫　猶不能報　父母深恩.
여 래　경 백 천 겁　유 불 능 보　부 모 심 은

⑦

假使有人　爲於爺孃　打骨出髓　百千
가 사 유 인　위 어 야 양　타 골 출 수　백 천

鋒戟　一時刺身　經百千劫　猶不能報
봉 극　일 시 자 신　경 백 천 겁　유 불 능 보

父母深恩.
부 모 심 은

⑧

假使有人　爲於爺孃　吞熱鐵丸　經百千
가 사 유 인　위 어 야 양　탄 열 철 환　경 백 천

劫　遍身燋爛　猶不能報　父母深恩.
겁　편 신 초 란　유 불 능 보　부 모 심 은

⑨

爾時大衆　聞佛所說　父母恩德　垂淚
이 시 대 중　문 불 소 설　부 모 은 덕　수 루

悲泣　白佛言.
비 읍　백 불 언

⑥

부모님을 위하여서 백겁천겁 동안계속
부처님께 자기몸을 소신공양 올리어도
부모님의 은혜는다 갚을수가 없습니다.

⑦

부모님을 위하여서 백겁천겁 동안계속
백천창칼 몸을찔러 골수튀어 나와도~
부모님의 은혜는다 갚을수가 없습니다.

⑧

부모님을 위하여서 백겁천겁 동안계속
뜨거운~ 철환삼켜 몸이타고 헤어져도
부모님의 은혜는다 갚을수가 없습니다.

⑨

부모은혜 대하여서 부처님의 설법듣고
대중들이 슬피울며 말씀드리 셨습니다.

世尊 我等今者 深是罪人 云何報得
세존 아등금자 심시죄인 운하보득

父母深恩?
부모심은

佛告 弟子 欲得報恩 爲於父母 書寫
불고 제자 욕득보은 위어부모 서사

此經, 爲於父母 讀誦此經, 爲於父
차경 위어부모 독송차경 위어부

母 懺悔罪愆, 爲於父母 供養三寶,
모 참회죄건 위어부모 공양삼보

爲於父母 受持齋戒, 爲於父母 布施
위어부모 수지재계 위어부모 보시

修福, 若能如是 則名爲孝順之子 不
수복 약능여시 즉명위효순지자 부

作此行 是地獄人.
작차행 시지옥인

⑩

거룩하신 부처님~ 지금에야 저희들이
많은죄를 지었음을 알수있게 됐습니다.
깊은은혜 갚으려면 어찌해야 하옵니까?

⑪

아난다~ 존자님~ 아난다~ 존자님~
부모님의 깊은은혜 제대로~ 갚는길은
부모님을 위하여서 이경전을 사경하고,
부모님을 위하여서 이경전을 독송하고,
부모님을 위하여서 모든죄를 참회하고,
부모님을 위하여서 삼보님께 공양하고,
부모님을 위하여서 부정한일 멀리하고
몸과마음 청정하고 깨끗하게 유지하며,
널리널리 보시하여 복을짓는 것입니다.
이와같이 실행하는 사람들은 효자이고

五. 阿鼻墮苦
오 아비타고

①

佛告 阿難 不孝之人 身壞命終 墮阿
불 고　아 난　불 효 지 인　신 괴 명 종　타 아

鼻無間地獄.
비 무 간 지 옥

②

此大地獄 縱廣八萬 由旬 四面鐵城
차 대 지 옥　종 광 팔 만 유 순　사 면 철 성

周廻羅網 其地赤鐵 盛火洞然 猛烈
주 회 라 망　기 지 적 철　성 화 통 연　맹 렬

炎爐 雷奔電爍.
염 로　뇌 분 전 삭

③

洋銅鐵汁 流灌罪人 鐵蛇銅狗 恒吐
양 동 철 즙　유 관 죄 인　철 사 동 구　항 토

烟炎 燠燒煮炙 脂膏燋燃 苦痛哀哉
연 염　욱 소 자 적　지 고 초 연　고 통 애 재

難堪難忍.
난 감 난 인

불효하는 사람들은 지옥가는 것입니다.

5장 불효의 과보

①

아난다~ 존자님~ 불효하는 사람들은
죽는즉시 무간지옥 가게되어 있습니다.

(그림 4 참고)

②

무간지옥 가로세로 팔만유순 이나되고
둘레모두 겹겹으로 그물들로 둘려있고
바닥은~ 시뻘겋게 달은쇠로 되어있고
세찬불이 타오르고 천둥번개 마구치며
사방의~ 성벽들은 쇠로되어 있습니다.

③

끓는구리 끓는쇠물 죄인에게 들이붓고,

④

鐵鏘鐵串 鐵槌鐵戟 劍刃刀輪 如雨
철 장 철 곳 철 퇴 철 극 검 인 도 륜 여 우

如雲 空中而下 或斬或刺.
여 운 공 중 이 하 혹 참 혹 자

⑤

苦罰罪人 歷劫受殃 無時間歇.
고 벌 죄 인 역 겁 수 앙 무 시 간 헐

⑥

又令更入地獄中 頭戴火盆 鐵車分
우 령 갱 입 지 옥 중 두 대 화 분 철 거 분

裂 腸肚骨肉 燋爛縱橫 一日之中 千
열 장 두 골 육 초 란 종 횡 일 일 지 중 천

生萬死.
생 만 사

구리개와 쇠로된뱀 불과연기 내뿜어서
죄인들을 지지고~ 볶고굽고 삶아서~
죄인의몸 기름이~ 지글지글 끓어나와
견디거나 참아내기 참으로~ 힘듭니다.

④

가지가지 쇠몽둥이 쇠꼬챙이 철퇴창칼
공중에서 떨어져서 살을베고 찌릅니다.

⑤

이와같은 고통스런 처벌들이 여러겁을
계속계속 한순간도 끊어지지 않습니다.

⑥

무간지옥 벗어나면 화탕지옥 들어가서
타오르는 화로이고 쇠수레에 배터지고
뼈와살이 문드러져 사방으로 흩어지고
하루에도 천번만번 태어나고 죽습니다.

⑦

受如是苦 皆因前身 五逆不孝 故獲
수 여 시 고　개 인 전 신　오 역 불 효　고 획

斯罪.
사 죄

六. 上界快樂
육　　상 계 쾌 락

①

爾時 大衆 聞佛所說 父母恩德 垂淚
이 시　대 중　문 불 소 설　부 모 은 덕　수 루

悲泣 告於如來.
비 읍　고 어 여 래

②

我等今者 云何報得 父母深恩?
아 등 금 자　운 하 보 득　부 모 심 은

③

佛告 弟子 欲得報恩 爲於父母 重興
불 고　제 자　욕 득 보 은　위 어 부 모　중 흥

經典 是眞報得 父母恩也.
경 전　시 진 보 득　부 모 은 야

⑦

불효죄등 오역죄를 저질렀던 사람들은
빠짐없이 다음생에 이런고통 받습니다.

6장 효도의 과보

①

부모은덕 대하여서 부처님의 설법듣고
대중들이 슬피울며 말씀드리 셨습니다.

②

거룩하신 부처님~ 거룩하신 부처님~
은혜갚는 사람들은 어찌되는 것입니까?

③

아난다~ 존자님~ 부모님의 깊은은혜
갚으려면 이경전을 보시해야 하옵니다.
참으로~ 부모님의 깊은은혜 갚는길은

能造一卷　得見一佛
능 조 일 권　득 견 일 불

能造十卷　得見十佛
능 조 십 권　득 견 십 불

能造百卷　得見百佛
능 조 백 권　득 견 백 불

能造千卷　得見千佛
능 조 천 권　득 견 천 불

能造萬卷　得見萬佛.
능 조 만 권　득 견 만 불

⑤

緣此等人　造經力故　是諸佛等　常來
연 차 등 인　조 경 력 고　시 제 불 등　상 래

擁護　令使其人父母　得生天上　受諸
옹 호　영 사 기 인 부 모　득 생 천 상　수 제

快樂　永離地獄苦.
쾌 락　영 리 지 옥 고

남들에게 이경전을 보시하는 것입니다.

④

한권을~ 보시하면 한부처님 뵐수있고

열권을~ 보시하면 열부처님 뵐수있고

백권을~ 보시하면 백부처님 뵐수있고

천권을~ 보시하면 천부처님 뵐수있고

만권을~ 보시하면 만부처님 만납니다.

⑤

이경전을 보시하는 사람들은 빠짐없이

부처님이 감싸주고 보살피어 주십니다.

이경전을 보시하는 사람들의 부모들도

영원토록 지옥고통 겪게되지 않습니다.

오랫동안 하늘에서 즐거움을 누립니다.

(그림 5 참고)

III. 流通分
유 통 분

①

爾時　大衆　天　龍　夜叉　乾闥婆　阿修
이 시　대 중　천　룡　야 차　건 달 바　아 수

羅　迦樓羅　緊那羅　摩睺羅伽　人非人
라　가 루 라　긴 나 라　마 후 라 가　인 비 인

等　及諸小王　轉輪聖王　是諸大衆　聞
등　급 제 소 왕　전 륜 성 왕　시 제 대 중　문

佛所說　各發願言.
불 소 설　각 발 원 언

②

我等　盡未來際　寧碎此身　猶如微塵
아 등　진 미 래 제　영 쇄 차 신　유 여 미 진

經百千劫　誓不違於如來聖教.
경 백 천 겁　서 불 위 어 여 래 성 교

③

寧以百千劫　拔出其舌　長百由旬　鐵
영 이 백 천 겁　발 출 기 설　장 백 유 순　철

犁耕之　血流成河　誓不違於如來聖
리 경 지　혈 류 성 하　서 불 위 어 여 래 성

教.
교

III. 유통분

①

부처님의 설법듣고 하느님과 용과야차
건달바와 아수라와 가루라와 긴나라와
마후라가 인비인과 전륜성왕 소왕등의
대중들이 다음같은 큰발원을 했습니다.

②

거룩하신 부처님~ 미래세상 끝이나는
한겁뿐만 아니라~ 백겁천겁 동안계속
이몸이~ 부수어져 가루가~ 되더라도
부처님의 가르침은 지키기를 원합니다.

③

거룩하신 부처님~ 백겁천겁 동안계속
혀의길이 백유순이 되도록~ 혀뽑히고
쟁기로~ 혀를갈아 흐르는피 강물돼도

④

寧以百千刀輪 於自身中 左右出入
영 이 백 천 도 륜　어 자 신 중　좌 우 출 입

誓不違於如來聖敎.
서 불 위 어 여 래 성 교

⑤

寧以鐵網 周匝纏身 經百千劫 誓不
영 이 철 망　주 잡 전 신　경 백 천 겁　서 불

違於如來聖敎.
위 어 여 래 성 교

⑥

寧以剉碓 斬碎其身 百千萬斷 皮肉
영 이 좌 대　참 쇄 기 신　백 천 만 단　피 육

觔骨 悉皆零落 經百千劫 終不違於
근 골　실 개 영 락　경 백 천 겁　종 불 위 어

如來聖敎.
여 래 성 교

⑦

爾時 阿難 白佛言 世尊 此經 當何
이 시　아 난　백 불 언　세 존　차 경　당 하

名之 云何奉持?
명 지　운 하 봉 지

부처님의 가르침은 지키기를 원합니다.

④

백천칼로 좌우에서 깊이찔러 돌리어도

부처님의 가르침은 지키기를 원합니다.

⑤

백겁천겁 동안계속 가시돋힌 철망으로

나의몸이 감기우고 얽매이고 찔리어도

부처님의 가르침은 지키기를 원합니다.

⑥

백겁천겁 동안계속 날카로운 작두에~

나의몸이 잘리우고 방아공에 찧어져서

백천만억 토막나고 살과뼈가 가루돼도

부처님의 가르침은 지키기를 원합니다.

⑦

거룩하신 부처님~ 이경이름 무엇이며

어떻게~ 받들어~ 지니어야 하옵니까?

⑧

佛告 阿難 此經名爲 大報父母恩經
불 고 아 난 차 경 명 위 대 보 부 모 은 경

已是名字 汝當奉持.
이 시 명 자 여 당 봉 지

⑨

爾時 大衆 天 人 阿修羅等 聞佛所
이 시 대 중 천 인 아 수 라 등 문 불 소

說 皆大歡喜 信受奉行 作禮而退.
설 개 대 환 희 신 수 봉 행 작 례 이 퇴

佛說大報父母恩重經 終
불 설 대 보 부 모 은 중 경 종

아난다~ 존자님~ 아난다~ 존자님~
이경이름 불설대보 부모은중 경입니다.
간략하게 부모은중 경이라고 말합니다.
이렇게~ 받들어~ 지니도록 하십시오.

부처님의 설법듣고 하느님과 사람들과
아수라등 대중들이 매우매우 기뻐하며
믿고지녀 받들어~ 행하기로 다짐하며
예를갖춰 인사하고 모두떠나 갔습니다.

가사체 부모은중경 끝

그림 1. 如來頂禮 부처님이 예를갖춰 오체투지함.
　　　　여 래 정 례

그림 2·1. 懷耽守護恩 잉태하여 품어주신 크나큰은혜
회 탐 수 호 은

그림 2·2. 臨産受苦恩 낳으실때 수고하신 크나큰은혜
임 산 수 고 은

그림 2·3. 生子忘憂恩 낳으시고 기뻐하신 크나큰은혜
생 자 망 우 은

그림 2·4. 咽苦吐甘恩 좋은음식 먹여주신 크나큰은혜
연 고 토 감 은

그림 2·5. 廻乾就濕恩 마른자리 뉘어주신 크나큰은혜
회 건 취 습 은

그림 2·6. 乳哺養育恩 품에안고 길러주신 크나큰은혜
유 포 양 육 은

그림 2·7. 洗濯不淨恩 깨끗하게 씻어주신 크나큰은혜
　　　　세 탁 부 정 은

그림 2·8. 遠行憶念恩 먼길떠난 자식걱정 크나큰은혜
　　　　　원 행 억 념 은

그림 2·9. 爲造惡業恩 자식고통 대신받은 크나큰은혜
위 조 악 업 은

그림 2·10. 究竟憐愍恩 가이없이 아껴주신 크나큰은혜
구 경 연 민 은

그림 3. 周遶須彌 부모업고 수미산을 돌고돌아도
주 요 수 미

그림 4. 阿鼻墮苦 불효자가 겪게되는 아비지옥고
아 비 타 고

그림 5. 上界快樂 효자들이 누리게 될 행운과복락
상 계 쾌 락

편집 후기

서울대학교 이장호 교수님의 권유로 '서양의 한계를 극복하고 동서양 통합 상담심리학을 세우기 위해' 이동식 선생님 교실에서 김종서, 이종익 선생님들과 금강경 공부를 시작하였습니다.

금강경을 독송하던 중, '근원도 알 수 없는, 저 자신의 저 깊고 깊은 곳에서 생명의 빛이 흘러나오는 것'을 발견했습니다. '저와 모든 생명이 함께 하는 빛, 생명의 빛'이 저의 깊은 곳에서 나오고 있었습니다. 내면의 빛뿐만 아니라, 날씨와는 무관하게 밖에서 불어오는 법풍(法風, 진리의 바람)도 저의 몸과 마음을 시원하게 해 주고 있습니다. 많은 분들의 은혜로 경전 출판까지 하게 되었습니다.

첫째, 무비스님께서는 '천진난만하시며(?), 대자대비에도 걸리지 않으시는, 살아 계시는 대 성현의 모습'으로 참으로 자상한 가르침을 베풀어 주셨습니다. 공역자의 자리에까지 내려와 주셔서 황송하고 황망할 뿐입니다. 참으로 고맙습니다.

둘째, 20년 넘는 세월 동안 매주 원고를 교정해주고 가르쳐 주신 두 분 선배님(안형관 선배님과 강수균 선배님)을 비롯한 화화회 회원님들(강태진, 김정옥, 김정자 선생님)에게 고마운 마음을 전합니다. 화화회에서 같이 했던 수많은 회원님들에게도 깊은 감사를 드립니다. 불교에 관해서 참으로 해박한 지식을 가지고 계시면서 가려운 곳을 긁어주고 모자라는 곳을 채워준 김남경 교수님께도 심심한 감사를 드립니다.

셋째, 눈이 되어주고 귀가 되어주고 손발이 되어주신 보리행 박혜정 보살님, 수선행 이수진 보살, 해광 조재형 거사에게도 고마운 마음을 전합니다.

넷째, 출판을 허락해 준 도서출판 운주사 김시열 사장님과 임직원님들께도 감사를 드립니다. 출판과 관련하여 '필자의 이런 저런 까다로운 요구'를 다 견뎌주고 협조해 주셨습니다.

마지막으로, 불교계의 어려운 출판 사정을 고려하여 출판에 많은 도움을 주신 동참회원님들께도 심심한 감사의 마음을 전합니다. 많은 십시일반 동참회원님들과 108 동참회원님들의 동참으로 수월하게 출판할 수 있었습니다. 이 인연 공덕으로 부처님의 무량 복을 누리시고, 속히 성불하옵소서.

법보시 108 동참회

1) 도일스님	14) 조성흠	27) 유명애	40) 장충효
2) 수보리스님	15) 조성윤	28) 권준모	41) 도윤희
3) 남봉연	16) 서울독송회	29) 방애자	42) 김임용
4) 이진우	17) 대구독송회	30) 정인숙	43) 배문주
5) 민경희	18) KBS독송회	31) 세심화	44) 배영주
6) 고/안형관	19) 청안사	32) 정혜거사	45) 부산 보현회
7) 강수균	20) 미/정각사	33) 고/대원화	46) 박경아
8) 강태진	21) 송불암	34) 마가스님	47) 진여심
9) 김정옥	22) 북대암	35) 이종선	48) 김대진
10) 김정자	23) 이순랑법사	36) 박은희	49) 도안스님
11) 박혜정	24) 김남경	37) 한지민	50) 고/강호진
12) 조재형	25) 해원보살	38) 보명법사	51) 고/박종순
13) 이수진	26) 오일수	39) 김형일	

법보시 동참 계좌

신한은행 110-354-890749 조현춘(가사체금강경독송회)

이 통장으로 입금되는 보시금은 전액 '지정법당·군법당·병원법당·교도소·불교학생회 등에의 법보시, 불교기관에의 보시'로만 사용합니다. 고맙습니다. 참으로 고맙습니다.

가사체 금강경 독송회

대심 조현춘 010-9512-5202 합장

◉ **무비無比 큰스님**(전 조계종 교육원장)은

부산 범어사에서 여환스님을 은사로 출가. 해인사 강원 졸업. 해인사·통도사 등 여러 선원에서 10여 년 동안 안거. 오대산 월정사에서 탄허스님을 모시고 경전을 공부한 후 '탄허스님의 법맥을 이은 대강백'으로 통도사·범어사 강주, 조계종 승가대학원·동국역경원 원장 역임. 지금은 범어사 화엄전에 주석하시면서 후학을 지도하며 많은 집필활동과 더불어 전국 각지의 법회에서 불자들의 마음 문을 열어주고 있습니다.

(다음 까페: 염화실)

◉ **대심大心 조현춘**(가사체 금강경 독송회)은

서울대학교 이장호 지도교수님의 권유로 '동서양 통합 상담심리학'을 세우기 위해 금강경 공부 시작. 30여 년 교수생활 중에 계속 '불교경전과 상담심리학'이라는 주제의 논문 발표. 화엄경과 화이트헤드 연구회·법륜불자교수회·한국동서정신과학회·한국정서행동장애아교육학회·대한문학치료학회 등의 회장을 역임하였습니다.

(다음 까페: 가사체금강경)

★정성들여 쓰신 사경집은

1. 가보로 소중하게 간직하거나   4. 절의 소대에 불태워드리거나
2. 본인이 독송용으로 활용하거나   5. 법당 불탑 조성시에 안치합니다.
3. 다른 분에게 선물하거나

가사체 부모은중경과 한문 부모은중경 사경

초판 1쇄 발행 2021년 12월 20일 | 초판 3쇄 발행 2024년 4월 3일
공역 무비스님·조현춘 | 펴낸이 김시열
펴낸곳 도서출판 운주사 (02832) 서울시 성북구 동소문로 67-1 성심빌딩 3층
전화 (02) 926-8361 | 팩스 0505-115-8361
ISBN 978-89-5746-667-4 03220   값 6,000원
http://cafe.daum.net/unjubooks 〈다음카페: 도서출판 운주사〉